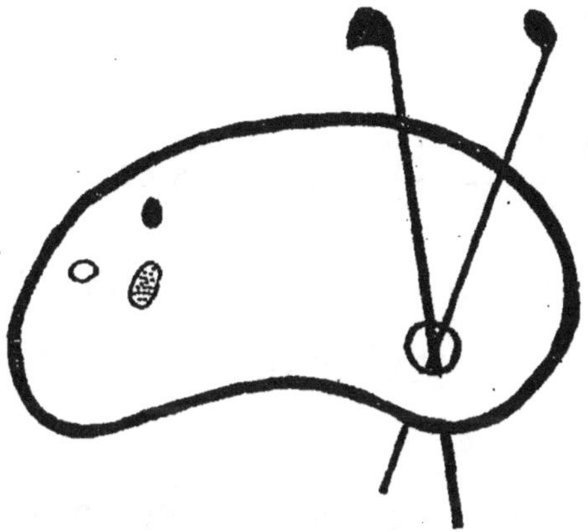

DEBUT D'UNE SERIE DE DOCUMENTS
EN COULEUR

LE DEVOIR

DES

CHRÉTIENS ÉVANGÉLIQUES

DANS LA QUESTION DE L'ESCLAVAGE

EN AFRIQUE

Par Louis RUFFET

Extrait de la *Revue Chrétienne*

DOLE

TYPOGRAPHIE BLIND-FRANCK

1891

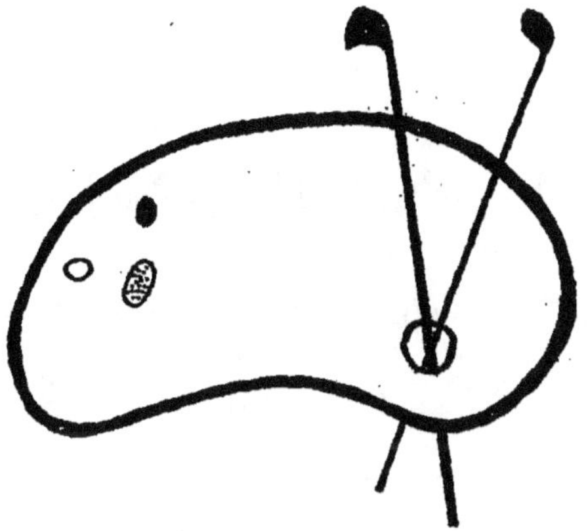

FIN D'UNE SÉRIE DE DOCUMENTS
EN COULEUR

LE DEVOIR

DES

CHRÉTIENS ÉVANGÉLIQUES

DANS LA QUESTION DE L'ESCLAVAGE

EN AFRIQUE

Par Louis RUFFET

Extrait de la *Revue Chrétienne*

DOLE

TYPOGRAPHIE BLIND-FRANCK

—

1891

LE DEVOIR

DES CHRÉTIENS ÉVANGÉLIQUES

DANS LA QUESTION DE L'ESCLAVAGE

EN AFRIQUE [1]

Mesdames, Messieurs,

Dans la réunion du Comité international de l'Alliance évangélique, tenue à Berlin les 26 et 27 septembre 1888, M. le Dr Fabri ancien inspecteur des Missions allemandes, attirait l'attention de ses collègues sur la croisade antiesclavagiste inaugurée quelques mois auparavant par le cardinal Lavigerie. Il leur parlait avec émotion de la grande assemblée tenue à Cologne, assemblée à laquelle il avait pris part, et ému à jalousie pour la cause évangélique, il demandait aux délégués réunis de saisir leurs branches respectives de ce grave et douloureux sujet. Le 26 septembre au soir, dans la séance publique tenue à la Maison des Architectes, il l'introduisait brièvement et, le lendemain, grâce à son insistance, le Comité international, prenant en considération sa proposition,

<hr>

(1) Ce rapport a été présenté à la Conférence œcuménique de l'Alliance évangélique réunie à Florence, dans la séance du 10 avril, et a été suivi de la votation de la résolution suivante :

« La neuvième Conférence œcuménique de l'Alliance évangélique, réunie à Florence, invite ses diverses branches à provoquer sans retard la formation d'associations nationales antiesclavagistes sur le terrain évangélique.

» Elle voudrait voir de telles associations se fédérer, si possible, pour une action commune et vraiment chrétienne. »

votait une invitation aux diverses branches de l'Alliance, à s'occuper de la question antiesclavagiste.

Je ne sais, Messieurs, ce qui s'est fait dans les branches sœurs ; mais je puis dire, pour ce qui concerne la branche suisse, que son Comité central prit en sérieuse considération la motion qui lui était transmise, et chargea l'un de ses membres de conférences sur le sujet (1).

Une association antiesclavagiste fut fondée à Genève en janvier 1889, et pendant deux années, sous la direction de son honorable président, M. Edouard Naville, elle plaida devant le grand public la cause des Noirs. Association mixte, elle dut se dissoudre, car il lui fut démontré qu'une action commune n'était pas possible entre protestants et catholiques, même sur le terrain de la charité.

C'était une raison de plus pour reprendre la question et pour venir, dans ces grandes assises de la chrétienté évangélique, plaider la cause des esclaves africains. Cette urgente nécessité ressortira sans doute de ce que nous allons vous dire, car, hélas ! malgré une opinion encore trop générale, l'esclavagisme poursuit ses dévastations avec plus de fureur que jamais. Il faut qu'on rappelle, même dans les milieux chrétiens, que l'esclavage, pour être aboli aux Etats-Unis, à Cuba et au Brésil, réclame encore chaque année en Afrique, en Asie, même à Madagascar où flotte pourtant le drapeau français, des centaines de mille victimes et que la chasse au nègre dépeuple rapidement les vastes contrées de l'Afrique centrale.

Quels sont les ravages actuellement accomplis par la traite ? qu'ont fait jusqu'ici pour la restreindre ou la détruire soit les gouvernements, soit les associations chrétiennes ou philanthropiques ? qu'y a-t-il à faire surtout de la part des chrétiens évangéliques pour subvenir à un si grand mal ? C'est ce que nous voudrions rechercher rapidement avec vous.

(1) La traite des Nègres et l'esclavage en Afrique, par Louis Ruffet. Genève, 1889.

I

Si nous nous plaçons, en pensée, devant une carte d'Afrique, nous la voyons se diviser naturellement en trois parties principales :

Au nord, le Soudan, le Sahara et les provinces méditerranéennes ;

Au centre, les hauts plateaux de l'équateur avec leurs grands lacs et le bassin puissant du Congo et de ses affluents ;

Au sud, les contrées limitées par le Zambèze et qui s'étendent, en se rétrécissant, jusqu'au Cap de Bonne-Espérance.

Autrefois, alors que la traite américaine poursuivait ses ravages, c'était sur la côte occidentale que se pratiquait la chasse à l'homme, et c'était aussi sur cette seule portion du vaste continent que se dirigeaient les regards des philanthropes chrétiens. Mais à mesure que l'Afrique était mieux connue, et que les Barth, les Nachtigal, les Schweinfurth, les Burton, les Livingstone, les Cameron, les Wissmann, les Stanley, etc., révélaient à l'Europe étonnée les immenses territoires qui en occupent la partie centrale, on apprenait aussi avec épouvante que la traite orientale, pour s'étaler avec moins d'audace que la traite américaine, n'était ni moins intense, ni moins cruelle. Il semblerait même que la traite ancienne n'était que jeu d'enfant en présence de ce qui se passe aujourd'hui.

Les champs de chasse embrassent toute la partie de l'Afrique qui s'étend du Zambèze aux frontières de l'Algérie, de la Tunisie, de la Tripolitaine et de l'Égypte, c'est-à-dire, à l'exception du Sahara, la portion la plus riche, la plus fertile et la plus populeuse du continent africain. On peut, au point de vue de la traite, diviser cette vaste étendue en deux régions : celle du nord, qui embrasse tous les royaumes du Soudan et toutes les contrées qui les avoisinent, depuis le plateau abyssin et les régions du haut Nil, jusqu'aux frontières françaises du Sénégal, et celle du centre qui comprend toute la région du Congo et des lacs jusqu'au Zambèze.

Dans la première région ce ne sont pas des envahisseurs

venus du dehors qui se jettent sur les inoffensives populations nègres pour les capturer et les massacrer, mais bien les souverains mahométans eux-mêmes et leurs vassaux qui mettent comme en coupe réglée ces malheureuses tribus. La traite est pour eux une véritable institution financière, la ressource la plus effective de leur budget. Chaque année, à des époques fixes, des armées se forment sous leurs ordres et se jettent sur les tribus qui peuplent les frontières du Bahr-el-Gazal, du Darfour, du Bornou, du Baghirmi, etc. Les nègres de cette partie de l'Afrique en ont reçu un nom caractéristique, celui de Nègres du trésor. S'agit-il, en effet, de bâtir une nouvelle résidence, de remplir le trésor, de payer un tribut au suzerain, on organise une battue sur l'un ou l'autre district du sud. Kouka, la capitale du Bornou, est un des plus importants entrepôts de ces victimes de la traite. C'est là qu'on entasse ces milliers de captifs, hommes, femmes et enfants, destinés aux contrées du Nord ; de là qu'on les dirige par détachements successifs sur le Maroc, le Fezzan ou l'Egypte, à travers un désert de douze à quinze cents kilomètres de largeur. Dans cette longue traversée, les caravanes d'esclaves sont soumises aux plus atroces souffrances. Les deux côtés de la route sont couverts des ossements blanchis des esclaves morts. « Même celui qui ne connaît pas le chemin du Bornou, dit M. Rohlfs, n'a qu'à suivre les ossements dispersés à gauche et à droite de la voie ; il ne se trompera pas. »

Le deuxième théâtre de la traite occupe toute la partie centrale du continent.

Il y a une cinquantaine d'années environ, les trafiquants de Zanzibar ne pénétraient pas à plus de deux cents milles dans l'intérieur des terres, et se contentaient de s'approvisionner d'esclaves dans l'espace restreint entre les hauts plateaux des lacs et la mer des Indes. La grande route de la traite s'éloignait de la côte en face de Zanzibar ; mais depuis lors d'autres voies se sont ouvertes et c'est par le sud et par le nord que les chasseurs d'hommes pénétrent dans le centre africain. Aujourd'hui, à l'heure même où nous parlons, des contrées immenses, peuplées de millions et de millions de nos semblables, sont en-

vahies par des bandes arabes qui ne laissent derrière elles
que sang et que dévastation. Quels que soient les explora-
teurs et les témoins auxquels nous nous adressions, que ce
soient des missionnaires comme Livingstone, Mackay ou les
Pères blancs, des officiers comme Wissmann et Cameron,
des voyageurs comme Stanley, de Brazza ou Trivier, tous nous
retracent, avec une unanimité qui fait frémir, les massacres qui
enlèvent chaque année à l'Afrique près d'un million de ses ha-
bitants, et réduisent en désert des contrées immenses jusque-là
fertiles et florissantes. Si le temps me le permettait j'emprunte-
rais aux relations de voyage des hommes que je viens de nommer
quelques récits qui vous montreraient les horreurs commises
par la traite : villes et villages consumés, populations détruites
par le fer et par le feu, femmes violées, capturées, jeunes gar-
çons mutilés, petits enfants écrasés contre les arbres, vieillards
et adultes rejetés dans les flammes comme un bétail qu'on ne
saurait domestiquer. Laissez-moi cependant emprunter à un
témoin oculaire la description de l'une de ces scènes de car-
nage et de rapine qui se répètent chaque jour avec une res-
semblance cruelle dans toute l'Afrique équatoriale. Il s'agit ici
des dévastations arabes dans le royaume de Lounda, entre les
sources du Congo et celles du Zambèze.

« A chaque aurore nouvelle un village est assailli et les
naturels tombent sous les coups. Poussant des cris de guerre
les Matambas-tambas s'avancent à travers les broussailles
et attaquant les palissades à coups de haches, ils les font
voler en éclats. Ils se précipitent alors dans l'intérieur avides
de pillage. Le spectacle qui s'offre alors aux regards ne saurait se décrire. C'est une effroyable mêlée, un diabolique
chaos. Mis hors d'eux-mêmes par les plus viles passions
qu'une avidité sans frein peut produire, ils s'élancent comme
des bêtes fauves dans les cases et se disputent entre eux la
possession de tout ce qu'ils rencontrent. C'est pendant quelques instants le plus horrible concert de cris, de hurlements,
de coups de feu, de gémissements, de supplications. Ici, c'est
un groupe de pillards qui arrêtent une jeune fille, se la disputent, la ligottent, la tiraillent au risque de lui disloquer tous

les membres ; là, c'est un barbare qui arrache à sa mère son petit enfant. Une lutte furieuse s'engage jusqu'à ce que la lionne brisée, désarticulée, abandonne ce qu'elle a de plus cher. Quand, le soir, les ténèbres se répandent sur ces scènes d'horreur, il ne reste des huttes que des cendres, et des milliers d'indigènes qui les habitaient qu'une centaine d'esclaves. Les vainqueurs passent la nuit dans une orgie sans nom, jusqu'à ce qu'un nouveau jour vienne éclairer de nouvelles destructions. Quand tout est anéanti, jeunes hommes, femmes, enfants, tout ce qui survit sans distinction d'âge est attaché à la chaîne et s'en va loin de ce qui fut leur paisible demeure, portant sur leur tête l'ivoire et les autres objets que les bandits ont préservés. Durant de longs jours, de longs mois, les malheureux prisonniers, brisés par l'émotion et par la fatigue, affaiblis par la faim, les pieds en lambeaux, les membres sillonnés de profondes blessures que le fouet des guides rouvre sans cesse, assisteront à de nouveaux carnages. Ils mourront jour après jour par dizaines à la fois. Souvent on voit une longue chaîne où les uns sont moribonds, les autres déjà à l'état de cadavres et traînés par leurs compagnons (1). Les guides ne les détachent pas pour ne pas recommencer un travail incommode. Ici c'est une pauvre négresse, amaigrie, décharnée, qui, rendant le dernier soupir, presse sur son sein l'enfant déjà mort ; là, c'est une autre femme qui ayant succombé est entraînée serrant encore dans ses bras raidis le fruit vivant de ses entrailles. Ne pouvant s'en détacher, il devient la victime de l'amour maternel. Et ainsi avance jour après jour la caravane, poursuivant pendant des semaines sa marche funèbre jusqu'à ce qu'elle atteigne bien diminuée sa triste destination d'esclavage (2). »

(1) Quand un esclave, trahi par ses forces, est obligé de rester en route, plutôt que de l'abandonner le maître le tue, afin de terrifier les autres et de prouver à la caravane que la fatigue ou la mauvaise volonté ne peuvent aboutir qu'à la mort. Et quelle mort ! Quelquefois un maladroit coup de fusil qui augmente l'agonie, puis le mourant, la nuit arrivée, est entouré à moitié vivant par les hyènes et les charognards ! (Capitaine Binger, *Esclavage, Islamisme et Christianisme*, p. 13).

(2) « Mouvement antiesclavagiste, » *Bulletin de l'Association antiesclavagiste de Belgique,* année 1890.

Evidemment on ne saurait mettre en vente une marchandise aussi avariée, car elle ne trouverait pas d'amateurs ; mais, les marchands arabes sont des maquignons habiles. Ils connaissent les procédés d'engraissement ; le troupeau se refera avec un repos forcé et une pâture abondante. Grâce à l'énergique vitalité de cette forte race africaine on verra renaître ces formes effacées et le jour de la vente une coiffure élégante et une habile parure feront trouver à ces femmes et à ces jeunes filles des acheteurs. Quant au menu fretin, on le vendra à la criée.

Les Arabes ne sont pas les seuls, et bien s'en faut, à réduire en esclavage les populations noires. C'est entre tribus que se poursuit dans toute l'Afrique équatoriale une guerre sans trêve pour pourvoir par la capture soit à l'énorme consommation de l'esclavage domestique, soit aux besoins de l'échange, soit aux cérémonies funèbres, soit enfin aux repas de chair humaine. En effet, à mesure que l'on acquiert une connaissance plus complète de la vie et des mœurs des tribus africaines, on constate avec plus d'horreur que l'esclave est la vraie monnaie de l'Afrique. Tout s'obtient avec lui. De là les luttes incessantes, les guerres intestines, les rivalités de tribus à tribus, les razzias des forts chez les faibles, qui n'ont d'autre but que de se procurer cette monnaie d'ébène avec laquelle on achètera des Arabes étoffes, poudre, fusils... mais aussi cette viande humaine au goût si délicat qui n'a pas sa pareille, disent les noirs, lorsqu'elle est assaisonnée de sel ! « Oui, l'Afrique saigne par tous ses pores ! » Ce cri de Mackay (1) est le cri du continent noir ! « Nous sommes la viande et ils sont les couteaux ! » (2).

II

Qu'a-t-on fait jusqu'ici, Messieurs, pour subvenir à un si grand mal ?

(1) *Mackay of Uganda*, p. 487.
(2) Burton.

C'est en 1876 que le roi Léopold de Belgique indiquait, dans la circulaire qu'il adressait aux Sociétés de géographie convoquées en congrès à Bruxelles, l'abolition de l'esclavage, comme un des principaux buts à poursuivre en Afrique. Parlant des récentes expéditions faites dans ce continent ignoré, il s'exprimait en ces termes : « Ces expéditions répondent à une idée éminemment civilisatrice et chrétienne : abolir l'esclavage en Afrique, percer les ténèbres qui enveloppent encore cette partie du monde, en reconnaître les ressources qui paraissent immenses, en un mot y verser les trésors de la civilisation. »

Deux mois plus tard, dans le discours qu'il prononçait à l'installation du Comité belge de l'Association internationale, le même monarque plaçait de nouveau au premier rang de ses sollicitudes la suppression de la traite des nègres. En 1885 la question ainsi soulevée par le roi des Belges était portée sur un plus grand théâtre. Le prince de Bismarck convoquait cette année-là à Berlin une conférence des principaux Etats civilisés pour traiter en commun la question africaine. Dès la première séance de ce congrès l'ancien chancelier indiquait la suppression de l'esclavage, et surtout de la traite des noirs, comme un devoir sacré pour toutes les puissances, et celles-ci, par l'organe de leurs délégués, déclaraient à l'unanimité, à l'exception de la Turquie, que les nouveaux territoires du Congo ne pourraient servir ni de marché ni de voie de transit pour la traite des esclaves de quelque race que ce fût. Chacune des puissances s'engageait en outre à employer tous les moyens en son pouvoir pour mettre fin à ce commerce et pour punir ceux qui s'en occupent.

Cependant, Messieurs, malgré l'éclat de ces conférences et le retentissement qu'elles eurent dans le monde politique, le crime de la traite demeurait ignoré de la grande majorité du public européen et l'on continuait à se persuader que, depuis l'abolition de l'esclavage aux Etats-Unis, les horreurs de la chasse à l'homme avaient pris fin.

C'est à ce moment que Dieu mit au cœur d'un vieillard, chef des missions catholiques en Afrique, de venir sur terre européenne détruire cette illusion et *révéler* — le mot n'est pas trop fort — à une partie de l'Occident les douleurs de la race nègre. Le 24 mai 1888, se présentant devant le pape Léon XIII, à la tête du pèlerinage africain, il lui racontait les malheurs de ses protégés, lui montrait sur leurs corps les stigmates de leurs blessures, et le pontife qui, quelques jours auparavant, dans une lettre aux évêques du Brésil, avait fait appel, pour combattre l'esclavage, à la charité, à la pitié, à la justice du monde chrétien, chargeait le cardinal Lavigerie de poursuivre cette mission de miséricorde et de délivrance. Sans souci de son âge déjà avancé, le primat d'Afrique partit pour prêcher la croisade en France, en Belgique, en Italie, en Angleterre. A Londres il prit la parole dans un meeting présidé par lord Granville, ancien ministre des affaires étrangères ; il y rappela que la Grande Bretagne avait été la première de toutes les nations à combattre la traite des nègres ; il rendit hommage à la noble Ligue anglaise contre l'esclavage, sous les auspices de laquelle il tenait sa réunion. Il se fit acclamer en louant la mémoire de l'intrépide Livingstone, et à la fin de la séance on adoptait à l'unanimité la résolution, proposée par le cardinal Manning, de faire instance auprès du gouvernement de Sa Majesté, pour que, de concert avec les pouvoirs européens qui réclament une possession ou une influence territoriale en Afrique, il adopte telles mesures qui puissent assurer l'abolition de l'affreux commerce des esclaves.

Cette résolution ne devait pas rester stérile, et tandis que, partout sur les pas du cardinal se fondaient des associations antiesclavagistes, et que l'Allemagne, l'Espagne, le Portugal, l'Autriche, l'Italie et la Suisse suivaient le mouvement, et plaçaient à sa tête les personnages les plus influents, l'*Anti-Slavery Society*, dans la personne de M. Sydney Buxton, soutenu par lord Granville, saisissait officiellement de la question le gouvernement anglais et les Chambres.

Ce fut à la suite de ces démarches que l'Angleterre demanda au roi des Belges de prendre l'initiative de la convocation des puissances au Congrès de Bruxelles.

Les plénipotentiaires, assemblés dès le 18 novembre 1889,

n'ont signé l'Acte général de leurs résolutions que le 2 juillet 1890.

J'ai eu longtemps dans les mains, Messieurs, les protocoles officiels de ce Congrès ; je les ai lus et relus avec une admiration et une émotion croissantes. Il me semblait voir ressortir de chacune de leurs pages la réalisation de ces admirables paraboles dans lesquelles le Sauveur compare son royaume à un levain qui doit faire lever toute la pâte, à un grain de moutarde qui doit devenir un grand arbre. Le christianisme seul a pu enfanter un résultat semblable, et si toute autre démonstration venait à disparaître celle-ci suffirait encore à proclamer sa grandeur.

Les puissances contractantes, et parmi elles les nations musulmanes, entraînées par le courant chrétien, ont adopté et consacré en pratique toutes les mesures que pouvaient solliciter les associations antiesclavagistes. Elles ont déterminé en cent articles les remèdes à employer contre l'esclavage ; elles ont considéré la question dans tous ses détails, depuis la chasse à l'homme et les caravanes par terre jusqu'à la traite maritime et la vente, et, conscientes du devoir de la puissance armée du glaive pour le maintien de la justice, elles se déclarent prêtes à sévir contre tout malfaiteur.

Voici quelles sont, d'après l'article 1er des Actes de Bruxelles, les mesures qu'on devra prendre au pays d'origine :

1° Organisation progressive des services administratifs, judiciaires, *religieux* et militaires dans les territoires d'Afrique placés sous la souveraineté et le protectorat des nations civilisées ;

2° Etablissement graduel à l'intérieur, par les puissances de qui relèvent les territoires, de stations fortement occupées, de manière que leur action protectrice ou répressive puisse se faire sentir avec efficacité dans les territoires dévastés par des chasses à l'homme ;

3° Construction de routes, et notamment de voies ferrées reliant les stations avancées à la côte, et permettant d'accéder aisément aux eaux intérieures et sur le cours supérieur des fleuves et rivières qui seraient coupés par des rapides et des cataractes, en vue de substituer des moyens économiques et accélérés de transport au portage actuel de l'homme ;

4° Installation de bateaux à vapeur sur les eaux intérieures navigables et sur les lacs, avec l'appui des postes fortifiés établis sur les rives ;

5° Etablissement de lignes télégraphiques assurant les communications des postes et des stations avec la côte et les centres d'administration ;

6° Organisation d'expéditions et de colonnes mobiles qui maintiennent les communications des stations entre elles et avec la côte, en appuient l'action répressive et assurent la sécurité des routes de parcours ;

7° Restriction de l'importation des armes, au moins des armes perfectionnées et des munitions, dans toute l'étendue des territoires atteints par la traite.

La Conférence décide en outre « de mettre les populations indigènes à même de concourir à leur propre défense ; de diminuer les guerres intestines entre les tribus par la voie de l'arbitrage ; de les initier aux travaux agricoles et professionnels de façon à accroître leur bien-être, à les élever à la civilisation et à amener l'extinction des coutumes barbares, telles que le cannibalisme et les sacrifices humains ».

Pour ce qui concerne les caravanes, il est décidé que « dans les régions du littoral connues comme servant de lieux habituels de passage ou de points d'aboutissement aux transports d'esclaves venant de l'intérieur, ainsi qu'aux points de croisement des principales routes de caravanes traversant la zone voisine de la côte, des postes seront établis par les autorités dont relèvent les territoires à l'effet d'intercepter les convois et de *libérer* les esclaves ». (Art. 16.)

« Une surveillance rigoureuse sera organisée par les autorités locales dans les ports et les contrées avoisinant la côte, à l'effet d'empêcher la mise en vente et l'embarquement des esclaves amenés de l'intérieur, ainsi que la formation et le départ, vers l'intérieur, de bandes de chasseurs à l'homme et de marchands d'esclaves. » (Art. 12.)

Pour la délicate question de la traite maritime, les puissances signataires s'engagent à prendre des mesures efficaces pour prévenir l'usurpation de leur pavillon et pour empêcher le transport des esclaves sur les bâtiments autorisés à arborer leurs couleurs. (Art. 25.)

De plus, les contractants, parmi lesquels il faut remarquer le sultan de Constantinople, celui de Zanzibar et le schah de Perse, s'engagent à prohiber dans leurs territoires l'importation, le transit, la sortie et tout commerce des esclaves africains.

Enfin, justement préoccupées des conséquences morales et matérielles qu'entraîne pour les indigènes l'abus des spiritueux, les puissances contractantes sont convenues de prohiber l'entrée ou la fabrication des boissons distillées dans les pays où il sera constaté que, soit à raison des croyances religieuses, soit par d'autres motifs, l'usage des boissons distillées n'existe pas ou ne s'est pas développé. (Art. 90, 91.)

Mais, Messieurs, et ceci est un fait qui nous concerne, persuadées qu'à côté de la force matérielle il y a place, et large place pour les œuvres de charité et de civilisation, les puissances contractantes, non seulement « protégeront sans distinction de culte les missions établies ou à établir » (art. 2), mais encore « favoriseront dans leurs possessions la fondation d'établissements de refuge pour les femmes et d'éducation pour les enfants libérés ». (Art. 88). En outre, « elles promettent accueil, aide et protection aux associations nationales et aux initiatives individuelles qui voudraient coopérer dans leurs possessions à la répression de la traite, sous la réserve de leur autorisation préalable et révocable en tout temps, de leur direction de contrôle et à l'exclusion de tout exercice de la souveraineté » (1).

Tout serait-il fait, Messieurs, désormais pour l'Afrique, parce que les puissances, dans les Actes de Bruxelles, ont décrété avec tant de sagesse les mesures coercitives nécessaires pour combattre la traite? Nous ne le pensons pas. Des articles et des pro-

(1) Actes et protocoles de la Conférence de Bruxelles contre la traite et l'esclavage en Afrique.

tocoles ont été rédigés, des hommes considérables par leur valeur personnelle les ont signés et paraphés, mais ces Actes, pour recevoir force de loi, doivent encore être ratifiés par les puissances contractantes, et en ce moment le Sénat des Etats-Unis marchande son adhésion, pour des questions de droit d'entrée, à ce grand pacte d'humanité. Mais admettons, et nous l'espérons, Messieurs, pour l'honneur du protestantisme évangélique, que le gouvernement de Washington vienne à récipiscence, tout serait-il fait et n'aurions-nous plus qu'à nous croiser les bras ? Ecoutez ces paroles autorisées prononcées à Bruxelles par le président de la Conférence, M. le baron de Lambermont, un des hommes qui connaissent le mieux la question africaine : « Le but que nous allons poursuivre, d'autres l'ont poursuivi avant nous. Des assemblées illustres, il y a longtemps déjà, ont fait et promulgué au sujet de la traite des noirs, des déclarations qui s'inspiraient des intentions les plus généreuses. Des traités en grand nombre ont été conclus, pour leur donner les sanctions pratiques. On a vu des nations s'attaquer à l'esclavage lui-même et l'abolir chez elles, ou dans leurs possessions, au prix de grands sacrifices et parfois d'héroïques efforts. D'autres, outre ce qu'elles ont fait contre l'esclavage, ont déployé, pour atteindre et frapper la traite, une énergie que rien n'a pu lasser et dont le monde a été et est encore témoin. Et cependant, quoique dans d'autres conditions, la *traite est toujours là*, la plaie continue de saigner, et saigne plus que jamais ! » (Actes, page 12.)

III

La mission des chrétiens évangéliques dans la grande question de l'esclavage ne fait donc que commencer ! Loin d'être arrivée à son terme, il semble que tout ce qui a été fait jusqu'ici n'est qu'un premier jalon dans l'œuvre de miséricorde et de pitié qui nous est imposée par Celui qui dans ces esclaves nous montre des frères et des rachetés.

Oui, il a déjà été fait quelque chose, Messieurs, et sur cette

voie douloureuse nous rencontrons les efforts accomplis par la
charité anglaise dans la fondation de colonies de libérés. Déjà,
lorsque la traite américaine accomplissait sur la côte occidentale de l'Afrique ses effroyables dévastations, des Associations
se formèrent en vue de la libération des noirs et des asiles leur
furent ouverts. C'est à cette pensée de charité qu'est due la
fondation des colonies de Liberia et de Sierra-Leone. Il y a
peu d'années, pour venir en aide à de semblables douleurs,
une troisième colonie de libérés s'est fondée à Frere-Town,
sur la côte de Zanzibar, et un *home* pour les femmes esclaves
a été ouvert au Caire. Mais ces institutions, jointes aux efforts
de nos missionnaires, sont insuffisantes pour subvenir à tant
de maux. Je le répète, elles ne sauraient être qu'un point de
départ. Et jusqu'à présent il semblerait que, sur le continent du
moins, les chrétiens évangéliques ne se soucient guère de faire
davantage pour leurs frères noirs.

Ici, Messieurs, pardonnez mon imprudence, mais je veux
parler avec une entière sincérité; je dois rendre l'honneur à
qui l'honneur, et reconnaître franchement, loyalement, *qu'aujourd'hui* (1) c'est dans le catholicisme qu'il faut chercher
l'élan, l'ardeur, l'enthousiasme pour la grande cause de la
libération et du relèvement des esclaves africains. Tandis que
nos Eglises restaient sourdes aux appels qui leur étaient adres-
sés et que nous voyions leurs portes se fermer devant ceux
qui voulaient émouvoir la commisération de leurs membres :
en France, en Allemagne, en Belgique, en Italie, en Autriche,
mais dans ces trois premiers pays surtout, se fondaient des Associations antiesclavagistes qui comptent aujourd'hui leurs
adhérents par milliers et qui ont déjà souscrit des millions
pour l'œuvre des noirs. Au Congo et sur les plateaux de
l'Afrique équatoriale, des hommes, jeunes, enthousiastes, ap-
partenant, les uns à des ordres missionnaires, d'autres à l'armée belge, ont déjà versé leur sang et donné leur vie pour
arracher aux traitants arabes leurs victimes ou pour mettre
en fuite les agresseurs. Chaque mois les bulletins des Sociétés

____

(1) Je n'oublie pas les immenses efforts accomplis dans le passé par la chrétienté évangélique. Il s'agit du moment actuel.

antiesclavagistes de Paris et de Bruxelles, en nous rapportant
le récit déchirant de nouveaux massacres et de nouvelles
destructions, nous retracent aussi les progrès accomplis par
les dévoués champions de la cause libératrice.

Vous me direz peut-être que le catholicisme entre seulement
en ligne maintenant dans la grande campagne antiesclavagiste, que les chrétiens réformés y ont déjà fait leurs preuves
dans le passé. C'est possible; je ne veux pas recommencer ici
cette grande controverse; nous ne sommes pas réunis pour
polémiser, mais pour agir. Je prends simplement la situation
actuelle et je constate que le catholicisme occupe les avant-
postes, qu'il est partout en Afrique, en Algérie et en Tunisie,
au Maroc, au Benguela, dans la colonie du Cap, dans la Tripolitaine, dans l'Egypte, au pays des Gallas, dans l'Abyssi-
nie, au Zanguebar, au Congo, dans la Sénégambie, au Sénégal, dans la Guinée, au Dahomey, au Natal, à Madagascar,
au Zambèze, et que, depuis treize ans, les Pères blancs du cardinal Lavigerie ont fondé cinq missions dans l'Afrique équatoriale (1).

Je fais mes réserves, Messieurs, et mes très sérieuses réserves sur les procédés de réclame de l'éminent primat
d'Afrique, mais lorsque, comme le disait à la conférence de
Bruxelles le délégué de l'Angleterre, lord Vivian, en Afrique
on marche dans le sang, et que c'est dans le sang que l'on
délibère, je m'arrête moins à la mise en scène qu'au but poursuivi, et je reconnais que tandis que nous discutons et criti-
quons, le catholicisme marche à la conquête de l'Afrique centrale et qu'il y marche avec tout l'enthousiasme de croisés. Dans
ces trois derniers mois, les Associations françaises, italiennes
et allemandes, ont remis au cardinal français et à diverses
missions, plus d'un million et demi de francs pour les œuvres
antiesclavagistes, et la collecte qui a eu lieu dans la catholi-
cité le jour de l'Epiphanie a produit plus d'un demi-million.
C'est en particulier avec ces ressources que se constitue en ce
moment l'ordre mi-religieux, mi-civilisateur et libérateur des
Pionniers du Sahara, chargé de pénétrer au Soudan par le

(1) Abbé Félix Klein. *Le cardinal Lavigerie*, p. 176.

désert, en y créant de distance en distance des oasis et en y fondant des refuges pour y recueillir les esclaves fugitifs ou libérés, y nourrir les vieillards, y soigner les malades, et y instruire les enfants (1).

La chrétienté évangélique ne saurait donc demeurer plus longtemps dans son indifférence au risque de se voir adresser par le Seigneur le reproche qu'il faisait entendre à Caïn : « Qu'as-tu fait de ton frère? » Oui, je le reconnais, et je le fais avec une profonde gratitude envers Dieu et envers mes frères, depuis une dizaine d'années de vigoureux efforts sont tentés par des Sociétés américaines, anglaises et allemandes pour attaquer ce centre de l'Afrique par la mission et planter sur les bords du Congo, sur les rives des grands lacs de l'équateur, et même dans le Soudan, la croix de Jésus-Christ. Je suis avec respect leurs travaux, les souffrances de leurs envoyés et de leurs martyrs, j'admire le noble dévouement de ces femmes qui s'avancent, elles aussi, malgré leur faiblesse physique, comme des Samaritaines pour soigner les âmes et les corps ; mais je m'écrie : Qu'est-ce que cela, qu'est-ce que cette poignée pour tant de gens! Qu'est-ce que cela surtout pour cette grande chrétienté évangélique qui plus que toute autre, qui avant toute autre, doit être à l'avant-garde de tout appel de miséricorde et de salut. N'oublions pas que nous avons à faire avec un pays immense ; que les contrées aujourd'hui dévorées par le chancre de la traite sont aussi grandes que l'Europe, et que sur cette noire tombe se détachent à peine de loin en loin quelques points lumineux. Or pendant que nous laissons à quelques associations courageuses, presbytériennes, baptistes, épiscopales, luthériennes et bientôt moraves et françaises le soin et le souci de l'évangélisation et la délivrance de ces masses esclaves, chaque jour au dire du commandant Cameron, plus de cinq mille de nos semblables sont ou égorgés ou capturés. Il faut donc que nous prenions ici, nous les délégués de vingt nations diverses, nous, les repré-

____

(1) L'*Africa Verein* des catholiques allemands compte dix comités diocésains, comprenant quinze cents cercles et environ *deux cent mille* membres. (Voir l'*Afrique explorée et civilisée*, févr. 1891.)

sentants de grands pays et de grandes Eglises, nous qui répé-
tons avec joie depuis cinq jours : *Unum corpus sumus in
Christo,* nous sommes un seul corps en Jésus-Christ, il faut
que nous prenions la résolution virile de venir en aide, par
tous nos efforts, à ce membre de notre corps qui, plongé dans
les ténèbres du paganisme, endure en même temps les plus
cruelles tortures. Il faut que rentrés dans nos Eglises nous
fassions une vigoureuse propagande en vue de la fondation
d'Associations antiesclavagistes, destinées à fournir aux blessés de la noire Rachel un refuge pour ses douleurs.

Oui, Messieurs, la propagande d'abord, mais la propagande
pour l'action. Nous nous sommes laissés arrêter jusqu'ici par
un *spectre, le camail rouge* du cardinal Lavigerie, comme si
dans un camail tenait la question antiesclavagiste tout entière ! A tous les efforts on a répondu par le même cri : Pas de
catholicisme ! C'est bien si par là les chrétiens évangéliques,
conscients de leur force, de la pureté de leur doctrine et de
l'urgence de leur mission, estiment que leur devoir est de marcher sous leur propre drapeau à la délivrance de cette grande
Afrique, où il y a place pour toutes les armées de la charité !
Mais si nous devions en rester là ! si pour nous le devoir chrétien devait simplement consister à protester contre toute alliance avec Rome, alors, Messieurs, je le dis avec une dou-
leur profonde : *la chrétienté évangélique aurait signé son ab-
dication !* Mais ce n'est pas ce que vous entendez, vous vou-
lez agir avec indépendance et sous votre propre bannière.

Alors qu'y a-t-il à faire? De la propagande, ai-je dit d'abord.
Il y a quelques mois, rencontrant dans les montagnes de la
Suisse le hardi explorateur Stanley je lui demandais comment
nous pourrions le mieux servir la cause des noirs. Il me ré-
pondit : Par la propagande ! Il faut en effet faire connaître les
souffrances des populations de l'Afrique ; il faut que notre
presse religieuse, si indifférente jusqu'ici, je parle du continent, à ces colossales misères, révèle à ses lecteurs les crimes
qui se commettent actuellement au grand jour par les bandes
meurtrières ; il faut en entretenir nos auditoires dans des
séances fréquentes, émouvoir la pitié des enfants de nos écoles

du dimanche, faire appel au dévouement des jeunes gens de nos Unions chrétiennes, provoquer la fondation d'Associations destinées à créer sur terre africaine des refuges pour les libérés, des asiles pour les enfants, des colonies agricoles et professionnelles pour les adultes, en un mot travailler par tous les moyens que suggèrera une charité pleine de sollicitude à panser ces plaies et à étancher ce sang qui coule à grands flots. Il faut qu'en chaque pays où une Association antiesclavagiste n'existe pas encore on institue une Association nationale; il faut que ces Associations se fédèrent, se soutiennent, se coalisent, réunissent s'il le faut leurs ressources et leurs lumières pour la fondation de postes de secours; il faut que ces Associations tiennent sans cesse en éveil l'opinion publique, qu'elles surveillent les actes des gouvernements et qu'elles contraignent ceux-ci à une persévérante application de leurs promesses ; il faut, en un mot, que les chrétiens évangéliques constituent une Croix nouvelle, non plus une Croix rouge, non plus une Croix bleue, elles existent déjà ces nobles Croix pour les blessés de la guerre et les blessés de l'intempérance, mais une *Croix d'or*, symbole de la délivrance et des âmes et des corps.

Messieurs, je vais finir. Mais auparavant un dernier mot sur un ennemi redoutable qui s'avance à grands pas en Afrique, menaçant nos missions présentes et futures et venant sceller par ses institutions les horreurs de la traite en fortifiant l'esclavage. Je veux parler de l'Islam (1).

S'il est un fait sur lequel on ne saurait trop attirer l'attention du monde chrétien, c'est la renaissance de l'Islam. De tous les phénomènes historiques du xix° siècle, le plus considérable dans les conséquences qu'il est appelé à produire sera peut-être les progrès de l'Islam dans le continent noir. Mahomet regagne actuellement en Afrique tout ce qu'il a perdu en Europe par des siècles de défaites. Le sort des races noires va se jouer entre la civilisation européenne et la foi musul-

---

(1) Je résume ici le beau travail de M. de Vogüé : *les Indes noires*, paru en novembre 1890 dans la *Revue des Deux Mondes*, et qui est lui-même un résumé des beaux livres de M. le capitaine Le Châtelier sur *l'Islamisme au xix° siècle* et sur *le Soudan français*.

mane et le gain de la partie ne serait rien moins que certain pour nous, si à cette renaissance de l'islamisme ne correspondait un puissant réveil, un effort héroïque chez les chrétiens.

Géographiquement les deux tiers de l'Afrique appartiennent déjà à la religion de Mahomet. C'est le seul culte professé par cent races diverses au nord d'une ligne d'autant plus difficile à préciser qu'elle avance chaque jour vers le sud et tend à se rapprocher du Zambèze, point extrême de l'influence chrétienne dans l'Afrique méridionale. Le réduit central de l'Islam est fortement retranché au nord-est du continent dans le triangle compris entre Tripoli, le Ouadaï et le Soudan égyptien.

Sur cette aire jusqu'ici inaccessible à l'Europe, le fanatisme brûle comme aux grands jours et la prédication musulmane, les confréries l'entretiennent, et là, comme au Maroc, cette autre citadelle de la foi islamique, elles sont le véritable pouvoir religieux et politique. Toutes ces régions, et l'Angleterre en sait quelque chose, car elle les a arrosées du sang de ses soldats, obéissent directement à un mot d'ordre des Senoussya de la Tripolitaine et des Kadriya du Soudan égyptien. Il se produit ainsi une agglomération politique des populations africaines de la zone saharienne, sous la direction du grand maître de la confrérie. En ce point central, forteresse d'où l'on ne saurait songer à le déloger sans s'exposer à une défaite presque certaine, l'Islam rayonne en tous sens, d'abord sur les populations mélangées d'Arabes et de noirs du Niger et du Sénégal, ensuite sur les nègres fétichistes du Sud. Au-dessous de l'équateur on retrouve les mêmes courants, dans la même direction, sous l'action des traitants de Zanzibar. Un intérêt de lucre les dirige sans doute avant tout, mais la propagande religieuse n'est pas oubliée. La tache d'huile s'étend rapidement devant les chasseurs d'hommes. Missionnaires et voyageurs sont unanimes à nous signaler cette marée montante de l'élément musulman. Avant deux ans, aujourd'hui peut-être, si les troupes de l'Etat du Congo, commandées par van Gele et par van Kerckhoven, ont été battues dans la lutte engagée avec les bandes de Létélé, les Arabes du sud auront tendu la main aux mahdistes du nord et seront sur le Congo, dans le pays des Bangalas.

Vous pouvez vous demander comment il se fait que les nègres fétichistes adoptent avec tant de facilité la croyance de leurs oppresseurs ? Ils plient sous la force, ils cèdent à la crainte et, chose bien digne d'attirer notre attention, ils acceptent l'islamisme parce qu'il leur apporte sous une forme qui répond à leurs désirs charnels une religion supérieure. C'est un fait, sur lequel s'accordent les meilleurs observateurs, qu'il y a présentement chez les races noires un éveil confus, un besoin d'ascension à des échelons de vie supérieure; or l'islamisme, qui demande peu à ses néophytes tout en leur apportant une vie supérieure, répond, paraît-il, à ce besoin. Les colonies européennes ne font pas exception à cet envahissement. Sierra-Leone de même que Liberia qui, autrefois, ne comptaient pas un musulman, en ont maintenant plus de cinquante mille. Il n'est si petite bourgade de la côte du Benin qui n'ait sa mosquée aux lieux où trônaient naguère encore les dieux fétiches. Il est donc un fait concluant : l'islamisme marche avec toutes ses forces réunies à la conquête de l'Afrique, rivant partout sur ses pas les fers des esclaves, rendant la servitude nécessaire pour maintenir la polygamie.

Encore une fois, que fera la chrétienté dans ce grand péril ? Comptera-t-elle exclusivement sur les efforts des gouvernements et demandera-t-elle la victoire aux armes charnelles ? Sans doute qu'elle en a besoin et qu'il faudra la force pour contenir ces nouveaux barbares. C'est dans l'intérêt des puissances d'arrêter cette marée montante, car il y va de leurs conquêtes. Le musulman n'acceptera jamais la domination chrétienne. Il se courbera un temps, frémissant sous le joug, mais avec la pensée de s'en affranchir, et les puissances, l'Angleterre et la France surtout, puissances musulmanes, devront faire entrer la raison politique dans la mesure de leurs efforts.

La question s'élargit donc, vous le voyez, et à l'œuvre de résistance à la traite et à l'esclavage vient s'unir celle de la destinée des âmes noires.

Il ne s'agit pas seulement d'arracher aux Arabes musulmans leurs victimes humaines, il faut encore contester à Mahomet les âmes de ces noirs pour lesquelles aussi s'est levé le Soleil de la paix! Loin donc d'être hostiles l'une à l'autre, comme des hommes imprudents ont bien voulu le prétendre, l'œuvre de la mission et l'œuvre de la protection et de la libération des esclaves doivent marcher la main dans la main; elles doivent se soutenir, se compléter, non se combattre. L'action antiesclavagiste doit amener à la mission de nouveaux intérêts et de nouvelles sympathies; elle doit éveiller dans les esprits indifférents à l'œuvre purement religieuse, la conscience de grands devoirs humains à accomplir; elle doit conserver aux missions les populations nègres et leur frayer auprès d'eux la voie. Il faut aller au noir non avec le fer et le feu comme l'Arabe, mais avec l'amour qui relève et qui conserve; il faut que le nègre sache et voie que l'Européen ne vient pas pour massacrer, pour piller, pour torturer, mais pour apporter la sécurité des personnes et la sécurité des biens. Il faut venir à lui avec l'Evangile tout entier, avec l'Evangile qui panse les blessures, qui cicatrise les plaies et avec l'Evangile qui apporte les paroles de la vie éternelle.

Je ne saurais insister davantage. Au reste ce travail serait sans fin. J'ai voulu non épuiser la matière, mais attirer votre attention, solliciter votre sympathie, éveiller votre pitié en faveur de souffrances dont la langue des hommes ne saurait exprimer l'horreur.

Laissez-moi terminer par un souvenir.

C'était le 1er mai 1873, sur la rive désolée du lac Banguelo. Livingstone, le grand missionnaire, seul, oublié du monde, terrassé par la fièvre après trente ans d'étude et de prédication, avait senti venir l'heure suprême. Il n'appela personne auprès de lui dans sa cabane, il ferma son livre, *le Livre*, se mit à genoux et mourut en priant pour son Afrique. Ses noirs trouvèrent au matin leur ami agenouillé, doucement endormi.

Messieurs, c'est la prière de Livingstone qui doit être exaucée; c'est pour l'exaucement de cette prière que nous sommes réunis ici ce matin; c'est nous qui, dans les mains de Dieu, devons être les instruments de cette délivrance qu'il a demandée jusqu'à son dernier soupir. L'Angleterre a fait graver sur son tombeau, dans Westminster, les dernières paroles que sa main a tracées : *Je ne puis plus rien faire que de souhaiter, en mourant, que les bénédictions les plus abondantes du ciel descendent sur tous ceux, quels qu'ils soient, Anglais, Américains ou Turcs, qui contribueront à faire disparaître de ce monde la plaie affreuse de l'esclavage !*

La chrétienté évangélique, Messieurs, j'ai cette confiance, acceptera aussi l'héritage de Livingstone et recevra la bénédiction qu'il a implorée sur les sauveurs des noirs !

J'ai dit.

Louis Ruffet.

Genève, 30 mars 1891.

Typographie BLIND-FRANCK, à Dole.

9 782012 835351